BEI GRIN MACHT SICH IHR
WISSEN BEZAHLT

AF141623

- Wir veröffentlichen Ihre Hausarbeit,
  Bachelor- und Masterarbeit

- Ihr eigenes eBook und Buch -
  weltweit in allen wichtigen Shops

- Verdienen Sie an jedem Verkauf

Jetzt bei www.GRIN.com hochladen
und kostenlos publizieren

GRIN

Bibliografische Information der Deutschen Nationalbibliothek:

Die Deutsche Bibliothek verzeichnet diese Publikation in der Deutschen National-
bibliografie; detaillierte bibliografische Daten sind im Internet über http://dnb.d-
nb.de/ abrufbar.

Impressum:

Copyright © 2011 GRIN Verlag, Open Publishing GmbH
Druck und Bindung: Books on Demand GmbH, Norderstedt Germany
ISBN: 978-3-656-36523-5

Dieses Buch bei GRIN:

http://www.grin.com/de/e-book/208770/zum-begriff-figur-ueberlegungen-aus-
einer-kulturwissenschaftlichen

Thomas Bitterlich

Zum Begriff "Figur". Überlegungen aus einer kulturwis-
senschaftlichen Untersuchung englischer humanistischer
Texte des 16. und 17. Jahrhunderts

GRIN Verlag

GRIN - Your knowledge has value

Der GRIN Verlag publiziert seit 1998 wissenschaftliche Arbeiten von Studenten, Hochschullehrern und anderen Akademikern als eBook und gedrucktes Buch. Die Verlagswebsite www.grin.com ist die ideale Plattform zur Veröffentlichung von Hausarbeiten, Abschlussarbeiten, wissenschaftlichen Aufsätzen, Dissertationen und Fachbüchern.

Besuchen Sie uns im Internet:

http://www.grin.com/

http://www.facebook.com/grincom

http://www.twitter.com/grin_com

Zum Begriff „Figur"

Überlegungen aus einer kulturwissenschaftlichen Untersuchung englischer humanistischer Texte des 16. und 17. Jahrhunderts

Theoretische Bestimmung des Begriffs „Figur" – das rhetorische Konzept „Prosopopöie" als Konkretisierung des Begriffs – „Prosopopöie" als differenzierte Antwort auf die Frage: Wer spricht? – Abstrahierung der verschiedenen Möglichkeiten als semiotischer Prozess – Konsequenzen der theoretischen Überlegung für die Methodik der Arbeit – „Prosopopöie" als Fremdverstehen (Kritik des Begriffs) und Übersetzung – allgemeine Betrachtung von „Prosopopöie" als Darstellungsverfahren: Wie wird gesprochen? – Beispiel Dialog, die humanistische Konzeption des Dialoges als Wissensform – im Verhältnis dazu: Theater – „Figur" als Bezeichnung für den Gegenstand des Darstellungsverfahrens – Bedeutungsschichten des Begriffs nach Erich Auerbach – „Figur" als Nebeneinander verschiedener Wissensformen und als Verbindung von altem und neuem Wissen – Allegorische Figur als Spezialfall – Textarten als Kontexte des Erscheinens für Figuren – das Problem historischer Heterogenität und die Einheit des Gegenstandes – weitere methodische Konsequenzen

Der folgende Aufsatz ist aus einer Bearbeitung der Einleitung meiner Dissertation entstanden.[1] Zu spezielle oder über die theoretischen Überlegungen zum Figurenbegriff hinausgehende Verweise wurden weggelassen, um den Text als Einzelpublikation verständlich zu halten. Aus Gründen der Anschaulichkeit habe ich jedoch Referenzen zu der von mir untersuchten Figur auch beibehalten. Die Dissertation wollte einen Beitrag zum Begriff „Figur" leisten. Ziel war es, den Begriff als Ansatz zu entwickeln, mit dem die Manifestation von Wissen in einer ‚Gestalt' begriffen, analysiert und dargestellt werden kann. Ich habe mich gefragt, wie die Figur WIT in Texten der englischen Renaissance, im Zeitraum von 1530 bis 1610, verwendet wird? Ursprünglich war es meine Absicht eine Geschichte der Ritterfiguren in der Gesellschaft, in der Literatur und im Theater des elisabethanischen Zeitalters zu schreiben. Die Dimensionen eines solchen Vorhabens sind in einer einzelnen Monographie nicht zu bewältigen. Aus der Perspektive dieser Planung heraus beschäftigt sich diese Arbeit mit einem Detailproblem, das zur Klärung des Verhältnisses von Adel und Humanismus beitragen soll. Konkret: Welche Ritterfiguren oder Antifiguren werden von der humanistischen Bewegung verwendet? Welches Wissen geht in dieses Figuren ein? Welchen Zwecken und Zielen dienen sie? Diese Fragen möchte ich in einer repräsentativen Studie, am Beispiel e i n e r Figur beantworten. In einem ersten Schritt gilt es jedoch zu beschreiben, was ich hier unter „Figur" verstehen und untersuchen will. Es gibt mindestens zwei Möglichkeiten, sich dem Begriff „Figur" zu nähern. Eine besteht in dem Versuch einer historischen Bestimmung, d. h. in einer Beschreibung und Differenzierung des Phänomens in seinen geschichtlichen

---

1   Bitterlich, Thomas: *Der neue Adel der Humanisten: Die Figur WIT in Texten der englischen Renaissance*. Marburg: Tectum 2011.

Varianten. Das war der Schwerpunkt meiner Arbeit, in der ich die Figur WIT in verschiedenen Diskursen des 16. und beginnenden 17. Jahrhunderts in England dargestellt habe. Die zweite Möglichkeit, den Begriff „Figur" zu bestimmen, basiert auf theoretischen Überlegungen. Bei dieser Herangehensweise versuche ich, von den historischen Erscheinungen des Gegenstandes zu abstrahieren und eine allgemeine Perspektive auf den Begriff – eingeschränkt auf seine Bedeutung und Funktion in Texten – zu eröffnen. Beide Ansätze habe ich im Verlauf meiner Forschungen wechselseitig aufeinander bezogen. Sie erscheinen hier aus Gründen der Darstellung getrennt, weil sie aufgrund des Materials – historische Quellen oder theoretische Texte – zu unterschiedlichen Begriffskonzeptionen führen. Ich möchte nun im Folgenden klären, welche Bedeutung der Begriff „Figur" für mich hat und damit eine Voraussetzung meiner historischen Analyse offen legen und die Untersuchung im wissenschaftlichen Diskurs verorten.

Aus dramaturgischer Perspektive verstehe ich **Figur** als ein Element eines Verfahrens, durch das Wissen in einem Text – so die vorläufige Definition – konstruiert, formuliert und manifestiert wird. Dessen Gestaltung ist als Repräsentation oder Mimesis im antiken Sinne zu verstehen [2] und dient der Vergegenwärtigung und Präsentation von Wissen. Dieser Vorgang ist als Wiederholung des Bestehenden und als erneute Schöpfung zu betrachten. Die Figur als ein spezifisches Wissen in Texten kann nur bedingt als Einheit und geschlossenes Ganzes verstanden werden. Meine Analyse zielt nicht auf die Beschreibung der Figur als äußere Gestalt, sondern auf ihre Konstruktion im Schnittpunkt verschiedener Diskurse.

Dieser Ansatz möchte eine Alternative zum allgemeinen Verständnis von „Figur" entwickeln. In ihrer Einleitung zum Sammelband „Figuration" stellen Bettina Brandl-Risi, Wolfgang Ernst und Meike Wagner fest, dass die Anbindung „des Figur-Begriffs an die Gestalt, das Bild bzw. den Umriss des menschlichen Körpers"[3] zentral für diesen Begriff wäre. Bereits der eine Seite zuvor zitierte „Figura"-Aufsatz[4] von Erich Auerbach müsste zu einer Relativierung dieser Aussage führen. Es scheint mir jedoch vielversprechender nicht bei dieser Begriffsgeschichte anzusetzen, um die allgemein verbreitete Auffassung von „Figur" zu hinterfragen. Stattdessen möchte ich die verschiedenen Dimensionen des Verfahrens, das als Figuration bezeichnet werden kann und das zur Bildung von Figuren führt, anhand der Begriffsgeschichte und -bestimmung von „**Prosopopöie**" veranschaulichen. Der Begriff „Prosopopöie" ermöglicht es, zwei wesentliche Fragen zur Gestal-

---

2   Der Begriff „Mimesis" kann in der Antike zwei Bedeutungen haben: nachahmen und zur-Erscheinung-bringen. Er steht im Spannungsfeld zwischen Abbildlichkeit und Vorbildlichkeit. Girshausen, Theo: „Mimesis". In: *Metzler Lexikon: Theatertheorie*. Erika Fischer-Lichte, Doris Kolesch, Matthias Warstat (Hg.). Stuttgart, Weimar: J. B. Metzler 2005, S. 201; Weimann, Robert: *Shakespeare und die Macht der Mimesis: Autorität und Repräsentation im elisabethanischen Theater*. Berlin, Weimar: Aufbau-Verlag 1988, S. 7 ff. Ähnlich bezeichnet „repraesentatio" oder „repraesentare" den Akt des Zur-Erscheinung-Bringens. In der römischen Antike ist Repräsentation im Sinne von Stellvertretung unbekannt. Hofman, Hasso: *Repräsentation: Studien zur Wort- und Begriffsgeschichte von der Antike bis ins 19. Jahrhundert*. Berlin: Duncker und Humblot (3)1998, S. 34, 38 ff.

3   Brandl-Risi, Bettina; Ernst, Wolf-Dieter; Wagner, Meike: „Prolog der Figuration: Vorüberlegungen zu einem Begriff". In: *Figuration: Beiträge zum Wandel der Betrachtung ästhetischer Gefüge*. Brandl-Risi, Bettina u.a. (Hg.). München: epodium-Verlag 2000, S. 13.

4   Auerbach, Erich: „Figura". In: Ders.: *Gesammelte Aufsätze zur romanischen Philologie*. Bern, München: Francke 1967 [kurz: Auerbach (1967)].

tung von Wissen durch Figuren zu diskutieren. Zum einen hinterfragt er die Position des Sprechenden und wirft die Frage auf: „Wer spricht?". Was ist eine Figur? Welches Wissen manifestiert sich in ihr? Zum anderen lässt sich fragen: „Wie wird gesprochen?". Wie kann mit Figuren Gegenwart und Präsenz erzeugt werden? Welche Strategien der Repräsentation von Figuren lassen sich unterscheiden? Obwohl es vielleicht auf der Hand liegt, vermeide ich den Begriff „rhetorische Figur". In Rhetoriken findet sich der Begriff „Prosopopöie" unter dieser Überschrift. Darunter werden aber im Allgemeinen die ‚Abweichungen' von der Alltagssprache in einem Text verstanden. Im Unterschied dazu würde ich „Prosopopöie" eher als Tropus[5] verstehen, als einen Modus der Darstellung und Rezeption, der die Wahrnehmung des gesamten Textes prägt. Für „rhetorische Figur" scheint auch zu sprechen, dass die hier analysierten Figuren sich vorwiegend in rhetorischen Texten befinden. Zwar bildet die Rhetorik eine Grundlage für die Texte, sie stellt aber nur eine mögliche Perspektive auf sie dar. Rhetorik und rhetorische Verfahren bieten, und diesbezüglich wurden sie bereits in der Antike als Konkurrenz zur Philosophie betrachtet, Mittel und Prinzipien, die allgemein, ohne besonderes Wissen angewendet werden können. Eine Rhetorik, so zumindest das Versprechen, liefert das Handwerkszeug, um gleich gut vor Gericht, bei einem Fest oder in einer Beratung reden zu können. Im Unterschied dazu geht es mir weniger um eine Verallgemeinerung, sondern um das Differenzierungspotential des Begriffs „Figur". Ich verwende also schlicht „Figur" und verstehe „Prosopopöie" als poetisches und rhetorisches Verfahren, mit dem Figuren erzeugt werden.

Die Begriffsgeschichte von „**Prosopopöie**" beginnt mit den ersten schriftlichen Zeugnissen des Theaters im Griechenland des fünften vorchristlichen Jahrhunderts. Dort werden die anthropomorphen Erscheinungen auf der Bühne mit dem Oberbegriff „Prosōpopoiía" bezeichnet.[6] Der Begriff wird anschließend von der Literaturtheorie und Rhetorik der Antike übernommen und als Verfertigung einer „persona" – Maske/Gesicht – für eine Stimme verstanden. „Prosopopöie", wie die deutsche Schreibweise lautet, betrachtet die postmoderne Theoriebildung[7] in Anschluss an Paul de Man als einen zentralen Begriff des menschlichen Weltverstehens und -erkennens. Die Annahme, dass eine sprachliche Äußerung von einem Menschen stammt, gehört zur selten artikulierten Voraussetzung jeder Kommunikation. Mittels „Prosopopöie" wird der Kommunikation eine gemeinsame Basis unterstellt und damit optimistisch angenommen, dass ein Verstehen prin-

---

5   In der Diskussion werden Tropen manchmal auch als eine besondere Gruppe rhetorischer Figuren betrachtet. Ich befürworte eine Unterscheidung beider Begriffe, in der „rhetorische Figuren" Redemuster im Satzbau und bei der Wortwahl bezeichnen. Unter Tropen sind dann Muster zu fassen, die einen gesamten Text in-formieren, z. B. in der Art, dass es is innerhalb einer ironischen Rede nahezu unmöglich ist, etwas Ernstes zu sagen.

6   Paxon, James J.: *The Poetics of Personification*. Cambridge: Cambridge University Press 1994 [kurz: Paxon (1994)], S. 13: „As the entry for "prosopopeia" in Liddell and Scott's Greek Dictionary indicates, the term denotes the creation of any kind of dramatic character in a mimetic text."; Haworth, Kenneth R.: *Deified Virtues, Demonic Vices and Desriptive Allegory in Prudentius' Psychomachia*. Amsterdam: Adolf M. Hakkert 1980 [kurz: Haworth (1980)], S. 45 ff.

7   Menke, Bettine: „Prosopoiia: Die Stimme des Textes – die Figur des »sprechenden Gesichts«". In: *Poststrukturalismus: Herausforderungen an die Literaturwissenschaft*. Gerhard Neumann (Hg.). Stuttgart, Weimar: J. B. Metzler 1997 [kurz: Menke (1997)]; Chase, Cynthia: *Decomposing Figures: Rhetorical Readings in the Romantik Tradition*. Baltimore, London: John Hopkins University Press 1986.

zipiell möglich ist. In dieser übergreifenden Bedeutung liegt zugleich seine allgemeinste, anthropologische Bestimmung.[8] So betrachtet, bleibt der Begriff „Prosopopöie" zunächst nur eine grobe Benennung für die Verknüpfung einer sprachlichen Äußerung mit einem ‚Gesicht'. In dieser Bedeutung bleibt der Begriff unbestimmt, da er nahezu jede menschlichen Handlung erfasst. Als ästhetischer Begriff bedarf „Prosopopöie" einer Konkretisierung. Welches Potential er als kunsttheoretischer Begriff besitzt, möchte ich am Beispiel von Henry Peacham[9], einem englischen Rhetoriker des 16. Jahrhunderts veranschaulichen. Dieser definiert „Prosopopoeia" (lat./engl. Schreibvariante) zunächst allgemein als „the fayning of a person", als die Konstruktion/Erfindung einer Figur[10] in einem Text. „Prosopopöie" betrachtet er dann vertiefend als ein strategisches Verfahren der Textproduktion, als ein Werkzeug in der Hand von Dichtern und Rednern. Vor diesem Hintergrund differenziert Peacham die Bedeutung des Begriffs und gibt verschiedene Möglichkeiten an, was mit „faying of a person" gemeint sein kann. Daran lässt sich das Bedeutungsspektrum des Begriffs hinsichtlich der Frage: „Wer spricht?" darstellen.

> ... that is, when to a thing sencelesse or dumme, we fayne a fit person [...] an Oratoure by
> this figure maketh the common welth to speake: lyfe and death; vertue and pleasure: honesty
> and profite: welth and pouerty: enuy and charity: to pleade and contend ons agaynst another
> ... (*The Garden of Eloquence*, Sig. Oiii r; Auslassung T. B.)

Peacham beschreibt an dieser Stelle detailliert ein Phänomen, das in der Aufklärung und im Rahmen der damaligen Kritik am Barock als Personifikation bestimmt wurde und bis heute fortwirkt. Unter „Personifikation" begriff man die Darstellung von abstrakten Begriffen als redende und handelnde Personen. Erst in jüngster Zeit ist es gelungen, die Dominanz dieser Bedeutungsebene kritisch zu hinterfragen.[11] In einschlägigen Lexika[12] finden sich Erklärungen zu „Prosopopöie" allerdings noch immer unter dem Stichwort „Personifikation". Dass die Personifikation nur einen bestimmten Figurentyp unter anderen bezeichnet, wird deutlich, wenn Peacham ergänzt:

8   Vgl. Reinhardt, Karl: *Vermächtnis der Antike: Gesammelte Essays zur Philosophie und Geschichtsschreibung*. Carl Becker (Hg.). Göttingen: Vandenhoeck & Ruprecht (2)1966 [kurz: Reinhardt (1966)], S. 7 f.

9   Peacham, Henry. *The Garden of Eloquence. Conteyning the Figures of Grammar and Rhetorice, from whence maye bee gathered all manner of Flowers, Coulors, Ornaments, Exornations, Fermes and Fashions of speech, very profitable for all those that be studious of Eloquence, and that made most Eloquent Poets and Orators, and also helpeth much for the better vnderstanding of the holy Scriptures*. London: H. Iackson 1577 [kurz: *The Garden of Eloquence*] (Online-Publikation, Datenbank: *Early English Books Online* (eebo)).

10 Ich übersetze hier bewusst mit „Figur", um Missverständnisse zu vermeiden, die durch die im 18. Jahrhundert erfolgte und bis heute wirksame Bedeutungsverschiebung des Begriffs „Person" entstehen könnten.; vgl. auch Anmerkung 38.

11 Bereits für Karl Reinhardt ist Personifikation die „unantike, humanistische Übersetzung von Prosopopöie". Reinhardt (1966), S. 8.

12 Shapiro, Alan H.: „Personifikation". In: *Der Neue Pauly: Enzyklopädie der Antike*. Hubert Cancik, Helmuth Schneider (Hg.). Stuttgart, Weimar: Verlag J. B. Metzler 2000, Sp. 639 ff.; Hartmann, Volker: „Personifikation". In: *Historisches Wörterbuch der Rhetorik: Band 6, Must–Pop*. Gert Ueding (Hg.). Tübingen: Max Niemeyer 2003, Sp. 810 ff.; Simonsen, Michèle: „Personifikation". In: *Enzyklopädie des Märchens: Handwörterbuch zur historischen und vergleichenden Erzählforschung, Band 10: Nibelungenlied–Prozeßmotive*. Rolf Wilhelm Rednich, Hermann Bausinger (Hg.). Berlin, New York: de Gruyter 2002, S. 758 ff.

… and sometime they rayse as it were the dead agyne, and cause to complayne or to witnesse that they knew. (ebd.)

Meiner Ansicht nach zielt diese bedingt durch die Syntax dunkle Stelle auf die Bestimmung von „Prosopopöie" als einem Verfahren, bei dem Tote als Figuren in Erscheinung treten. In den antiken Quellen sind es die Vorfahren, die als lebendige Wiedergänger vorgestellt werden. Die Literaturtheorie fasst darunter bisweilen auch jede Darstellung einer räumlich oder zeitlich abwesenden Person.[13]

Drittens verweist Peacham darauf, dass mittels „Prosopopöie" nicht nur Abstrakta, sondern auch leblose oder nicht menschliche Dinge zu Trägern des Wissens werden.

Sometime to Citties, townes, beastes, byrdes, fyshes, creeping worms, weapons, stones and to such like thinks, doe they attribute speech … (ebd.)

All diese Phänomene haben im 18. Jahrhundert dazu geführt, „Prosopopöie" als Form der Allegorie abzuwerten.[14] Peacham verweist jedoch auf eine vierte Bedeutung.

… sometime we presume to iudge what our adversary thinke, and declare their thoughtes to our hearers. (ebd.)

Unter „Prosopopöie" kann allgemein ein semiotischer Prozess verstanden werden, in dem ein Bezeichnetes mit einem Zeichen verknüpft wird. Das Ergebnis dieser Verknüpfung ist eine Figur. Die angeführten Varianten der „Prosopopöie" hat James J. Paxon in einer grundlegenden Monographie unter einer ähnlichen Perspektive vorsichtig zu verallgemeinern versucht. Die verschiedenen Fälle der Figuration ließen sich hinsichtlich der Frage typisieren: „What ist figurally converted or translated into what?"[15] Paxon betrachtet „Prosopopöie" ebenfalls als Signifikationsprozess, als eine Beziehung zwischen „personified" und „personifier", bei der eine Quantität in die andere übersetzt oder verwandelt wird. Quantität erscheint als Begriff zunächst unspezifisch. Konkret wird die Bezeichnung durch die sechs ontologischen Kategorien, die die verschiedenen Arten von „personified" oder „personifier" typologisieren. Nach Paxon kann es sich um Menschen, nichtmenschliche Lebensformen, unbewegliche Objekte, Orte, abstrakte Ideen und Gottheiten handeln, die mittels „Prosopopöie" kombiniert werden. Für die hier vorzunehmenden historischen Untersuchungen ist mir die Erkenntnis wichtig, dass eine Figur Wissen aus verschiedenen Diskursen zusammenführt, z. B. das Wissen über einen Begriff mit der Vorstellung über das Verhalten eines bestimmten Menschen(typs). Eine Figur bezeichnet für mich eine Einheit von Vielfalt. Die konstituierenden Elemente einer Figur – wie Sprachzeichen, Bilder oder Körperbewegungen – lassen sich mitunter konkret einem Wissensbereich zuordnen. Oft gehört aber ein und dasselbe Element unterschiedlichen Bereichen an. Ein Wort oder ein Satz kann unter verschiedenen Perspektiven gelesen werden.[16] Diese Perspektiven sind als mögliche Dimensionen (in) der Figur präsent. Methodisch habe ich diese Erkenntnis durch vier Unterkapitel einzuholen

---

13 Menke (1997), S. 226.

14 Zur Kritik der Allegorie im 18. Jahrhundert: Geisenhanslüke, Achim: „Allegorie und Schönheit bei Moritz". In: *Goethezeitportal*. URL: http://www.goethezeitportal.de/db/wiss/moritz/geisenhanslueke_allegorie.pdf (18.01.2013).

15 Paxon (1994), S. 42.

versucht, in denen die Dimensionen der Figuren analysiert werden. Es handelt sich um eine vorläufige, selektive Instrumentalisierung der Theorie im Hinblick auf einen spezifischen Gegenstand.[17] Damit wird weder Vollständigkeit beansprucht, noch die Notwendigkeit behauptet, Figuren derart bestimmen zu müssen. Die Arbeit stellt eine Möglichkeit vor, wie „Figur(en)" beschrieben und analysiert werden könnte(n). In Bezug auf die Figur WIT hat sich die Unterscheidung in eine strukturelle, eine philosophische, eine gesellschaftliche und eine sprachliche Perspektive als sinnvoll erwiesen. Strukturell wird die Beziehung von Text und Figur in den Blick genommen. Welches Thema behandelt der Text? Lässt er sich einem Genre zuordnen, durch das die Gestaltung der Figur bestimmt wird? Wie ist der Text aufgebaut und welche Funktion, welchen Stellenwert hat die Figur in dieser Struktur? Unter dem Stichwort „philosophisch" möchte ich den Anteil des Textes an weltanschaulichen Diskursen beschreiben. Wie wird der Begriff „wit" definiert? Welche Vorstellung des Verhältnisses von Mensch und Natur/Gesellschaft dominiert den Text? Welches Menschenbild liegt ihm zugrunde oder wird von ihm entworfen? Die Analyse der sozialen Dimension soll die Konstruktion und Reflexion der sozialen Identität von Figuren beschreiben. Welche Identität zeichnet die Figuren aus? Wie wird sie dargestellt resp. beurteilt? Philosophische und soziale Dimension allein scheinen ausreichend, um eine Figur zu konstituieren. Die Figur WIT wird durch beide Dimensionen als Kombination von abstrakten Begriffen und sozialer Identität beschrieben, jedoch gleichzeitig eingeengt. Aus diesem Grund habe ich die Betrachtung der Textstruktur und der sprachlichen Gestaltung aufgenommen. Letztere hat die Analyse des sprachlichen Programms zum Ziel. Durch welche Sprache ist die Figur gekennzeichnet und wie wird diese Sprache präsentiert? Es wäre problematisch, die sprachliche Dimension als technische Perspektive zu betrachten und zwischen Form und Inhalt zu unterscheiden. Die Sprache und die Struktur eines Textes repräsentieren ein der philosophischen und sozialen Dimension gleichwertiges Wissen. Die ontologische Differenzierung von Paxon scheint mir zu sehr an der Vorstellung von Körperlichkeit orientiert. Der Figurbegriff hat dagegen das Potential, dass Zusammenwirken verschiedener Wissensbereiche der Analyse zugänglich und präsent zu machen.

Zunächst möchte ich „Prosopopöie" als Verfahren der Wissensvergegenwärtigung weiter diskutieren. Ergänzend zur Übersicht der verschiedenen Begriffsbedeutungen – nicht um sie zu ersetzen, sondern einen ihr gemeinsamen Akzent hervorzuheben – kann „Prosopopöie" als Inszenierung von Andersheit gelten. Das Andere, das Fremde – inkl. des Nicht-mehr-Bekannten oder

---

16   Eine radikalere Sichtweise auf die Einheit der Vielfalt beschreibt Paul Veyne als Methode von Foucault für die Darstellung zeitlich nacheinander folgender Ereignisse. Der Begriff „Regierung", so Veyne, und andere Gegenstände zu denen wir Jahrhunderte übergreifende Geschichten konstruieren, besitzen keine organische Kontinuität. Feststellbar seien nur Brüche und die entschiedene Andersheit des jeweils ‚gleich Bezeichneten'. Doch was kann Geschichte uns dann noch bedeuten, wenn sie so fremd ist? Veyne, Paul: *Der Eisberg der Geschichte.* Karin Tholen-Struthoff (Übers.). Berlin: Merve Verlag 1981, insbesondere S. 49 ff.

17   Die Methode geht auch auf Überlegungen und Gesprächen zwischen mir, Jörn Kalbitz und René Damm zurück. Im Rahmen des von Theo Girshausen organisierten Forschungsseminars zur Theatertheorie im 20. Jahrhundert haben wir die These vertreten, dass eine Theaterfigur durch ihre Stellung in einer Kultur, einer Geschichte, einer Bühnen- und Spielsituation sowie von ihrem Verhältnis zum Schauspieler(-körper) bestimmt wird.

Noch-nicht-Bekannten – wird durch dieses Verfahren gestaltet. Darauf verweist Christian Kiening in seinem Aufsatz *Personifikation: Begegnungen mit dem Fremd-Vertrauten in der mittelalterlichen Literatur*:

> Die Perspektive der Personifikation fügt sich hier ein in das Phänomen des fremden Blicks auf das Eigene, des Blicks, der dieses erst zum eigenen macht.[18]

Samuel R. Levin beschreibt diese Eigenschaft von „Prosopopöie" – er verwendet das Wort „personfication" – sprachwissenschaftlich. Deren einfachste Form entstehe als Kombination von Subjekt und Prädikat/Attribut. Sie lässt sich als Verlebendigung beschreiben. An die Stelle des Subjekts tritt ein sonst für leblos gehaltenes Objekt, bspw. ein Stück Holz. Durch die Verwendung bestimmter Verben, wie reden, rennen, rufen etc. wird der Eindruck von Lebendigkeit erzeugt. Der Mensch, so Levin, kenne für Gegenstände spezifische Verben und Adjektive. Man kann sagen: Das Holz knistert. Um jedoch Emotionen, Willensakte oder moralische Dispositionen zu beschreiben, sind wir auf menschenspezifisches Vokabular angewiesen. Die Phrase „das Holz jammerte" z. B. resultiere aus einer Projektion unserer Wahrnehmung auf das Holz. Mit dieser Projektion, in der Konfrontation mit dem unbelebten Objekt, werden wir, so Levin, an deren Grenze geführt. Es stellt sich die Frage nach einer nichtmenschlichen Form des „Jammerns". „Prosopopöie" biete so die Möglichkeit, unser konzeptuelles Denken zu erweitern.[19]

Auf das zu kritisierende Potential dieser Art des Fremdverstehens hat wiederum James J. Paxon aufmerksam gemacht, denn es erfolge meistens nach den Regeln eines herrschaftskonformen Diskurses.

> Implicit in the concept of the personifier are capacities not only of human physiology, sentience, intelligence, and language, in general, but also maleness, adulthood (but not old age), bourgeois financial and social standing (including standard burgeois – level education), membership in the white race …[20]

Das wird besonders im Gebrauch dieses Verfahrens vor Gericht deutlich. Hier spricht der Anwalt für seinen Klienten. Er spricht für ihn, damit dessen „Stimme" Gewicht erhält und seine Position berücksichtigt wird. Im römischen Rechtsdiskurs, auf den sich Paxon bezieht, wird die Brisanz des Verfahrens augenfällig. Frauen, Kinder, Verrückte und kooperative Verbände, z. B. Städte, besaßen kein Recht, vor Gericht treten und sprechen zu können. Ihnen musste der Status von Rechtssubjekten über einen Anwalt erst verliehen werden, damit sie als Kläger auftreten konnten. Diesen Prozess gilt es bewusst zu machen. Man kann ihn aber nicht, wie schon Bart Philipsen in einer Reflexion über den Philosophen Levinas argumentiert, grundsätzlich verwerfen. Levinas würde dem Anderen „Erhabenheit" zuerkennen, es vor einer Versprachlichung schützen wollen. Man müsste schweigen, um die Unverletzbarkeit des Anderen zu gewährleisten.

---

18   Kiening, Christian: „Personifikation: Begegnungen mit dem Fremd-Vertrauten in der mittelalterlichen Literatur". In: *Personenbeziehungen in der mittelalterlichen Literatur*. Helmut Brall, Barbara Haupt, Urban Küsters (Hg.). Düsseldorf: Droste 1994 [kurz: Kiening (1994)], S. 385.

19   Levin, Samuel R.: „Allegorical Language". In: *Allegory, Myth, Symbol.* Morton W. Bloomfield (Hg.). Cambridge, London: Harvard University Press 1981, S. 25 ff.

20   Paxon (1994), S. 50.

Philipsen bezieht sich auf Derrida, wenn er schreibt, dass der Mensch sich diesem Prozess der Versprachlichung des Anderen nicht entziehen könne. „Prosopopöie" setze die Gewalt gegenüber dem Anderen fort, könne aber deren Fatalität brechen und mittels Umschrift neue Perspektiven erzeugen.[21]

„Prosopopöie", das Verfahren der Konstruktion von Figuren, kann des Weiteren nicht nur als Inszenierung des Anderen, sondern auch als dessen Übersetzung betrachtet werden.[22] Dafür ist ein spezifischer Begriff von „Übersetzung" und von „Sprache" heranzuziehen, wie er bspw. von Walter Benjamin prägnant formuliert wurde.[23] Ihm zufolge sei jede Äußerung menschlichen Lebens eine Sprache und deshalb könne man von einer Sprache der Musik, der Plastik oder Justiz reden.

> Sprache bedeutet in solchem Zusammenhang das auf Mitteilung geistiger Inhalte gerichtete Prinzip in den betreffenden Gegenständen ... (Benjamin (1992b), S. 30)

Mittels „Prosopopöie" werden also verschiedene Sprachen aufeinander bezogen. Diese Beziehung kann als Übersetzung beschrieben werden. Walter Benjamin bestimmt jedoch „Übersetzung" in Abgrenzung von dem hier zitierten Sprachbegriff. In poetischen Texten sei das, was mitteilbar ist, oft das Unwesentlichste und demzufolge für eine Übersetzung kaum von Interesse. (Benjamin (1992a), S. 50) Die Funktion der Übersetzung wird nicht in der Erzeugung von Ähnlichkeit zwischen Original und ‚Nachbildung' gesehen. Sie diene eher dem Fortleben des Originals.[24] So definiert, könnte sie als Form der Text- und Sinnpflege verstanden werden.[25] Nicht die Mitteilbarkeit sei Basis der Übersetzung, sondern die Verwandtschaft der Sprachen.

> Vielmehr beruht alle überhistorische Verwandtschaft der Sprachen darin, daß in ihrer jeder als ganzer jeweils eines und zwar dasselbe gemeint ist, das dennoch keiner einzelnen von ihnen, sondern nur der Allheit ihrer einander ergänzenden Intentionen erreichbar ist: die reine Sprache. (Benjamin (1992a), S. 55)

An dieser Stelle ist nicht der Ort, die Vorstellung einer reinen Sprache zu diskutieren.[26] Worauf es mir in diesem Zusammenhang ankommt, ist zum einen die These, dass die Sprachen in der Über-

21 Philipsen, Bart: „Prosopopöie und Atropos: Blicke zwischen Text und Leser". In: *Literatur als Philosophie: Philosophie als Literatur.* Eva Horn, Bettine Menke, Christoph Menke (Hg.). München: Wilhelm Fink 2006, S. 216.

22 Diesen Hinweis verdanke ich Prof. Dr. Petra Stuber.

23 Ich beziehe mich auf die zwei Aufsätze: „Die Aufgabe des Übersetzers", „Über die Sprache überhaupt und über die Sprache der Menschen". In: Benjamin, Walter: *Sprache und Geschichte: Philosophische Essays.* Rolf Tiedemann (Hg.). Stuttgart: Philipp Reclam junior 1992 [kurz: Benjamin (1992a) & (1992b)] Im Unterschied dazu scheint Paxon, wenn er die Beziehung zwischen „personifier" und „personified" als „translation" beschreibt, übersetzen als ersetzen zu verstehen.

24 Benjamin (1992a), S. 52; Derrida, Jacques: „Babylonische Türme: Wege, Umwege, Abwege". In: *Übersetzung und Dekonstruktion.* Alfred Hirsch (Hg.). Frankfurt/Main: Suhrkamp 1997 [kurz: Derrida (1997)], S. 136 f.

25 Assmann, Aleida und Jan:. „Kanon und Zensur". In: *Kanon und Zensur: Archäologie der literarischen Kommunikation II.* Aleida und Jan Assmann (Hg.). München: Wilhelm Fink Verlag 1987 [kurz: Assmann (1987)].

26 Eine ausführlichere Diskussion findet sich bei: Primavesi, Patrick. *Kommentar, Übersetzung: Theater in Walter Benjamins frühen Schriften.* Frankfurt/Main: Stroemfeld 1998 [Primavesi (1998)], S. 132.

setzung ihre Eigenständigkeit behalten. Damit wird die Übersetzung zum Ort der Auseinandersetzung mit dem Fremden/Anderen. Zum anderen gerät sie zu dessen ‚Aufbewahrungsort'. Das Original lebt in der Übersetzung fort, allerdings nicht unverändert. Man kann diesbezüglich von einem Verlust sprechen, aber Walter Benjamin verweist auf die Möglichkeit der Ergänzung. Unterschieden durch ihre Art des Meinens kommen die Sprachen in der Übersetzung dem Gemeinten näher.[27] Es entsteht eine neue Sprache, welche das Potential besitzt, die Sprachfähigkeit zu erweitern.[28] Abschließend kann festgehalten werden, dass „Prosopopöie" als Übersetzung verstanden, ein Verfahren zur Kombination eigenständiger und eigenständig bleibender Wissensbereiche ist. Es dient damit der Integration der Sprachen, der Sprachvielfalt, der Bereicherung der menschlichen Sprachfähigkeit und damit auch der Erkenntnisfähigkeit, wodurch sich Denkräume und Handlungsmöglichkeiten eröffnen.

Im literaturtheoretischen Diskurs wird mehrfach auf die Notwendigkeit verwiesen, „Prosopopöie" unter einem weiteren Gesichtspunkt zu betrachten. Die bisherigen Begriffsbestimmungen erfassen lediglich einen Teil der Figuration. Mit dem Begriff werden zunächst nur eine grammatikalische Besonderheit und ihre semantische Relevanz erfasst. Substantive, die typischerweise Objekte einer Handlung sind, werden an die Stelle des Subjekts gesetzt und erhalten so den Anschein von Lebendigkeit und Handlungsfähigkeit. So hatte bereits Hegel „Personifikation" folgenreich für den Begriff „Allegorie" definiert:

> Diese Subjektivität aber ist weder ihrem Inhalte noch ihrer äußerer Gestalt nach wahrhaft an ihr selbst ein Subjekt oder Individuum, sondern bleibt die Abstraktion einer allgemeinen Vorstellung, welche nur die leere Form der Subjektivität erhält und gleichsam nur ein grammatisches Subjekt zu nennen ist.[29]

In der Alltagssprache findet sich eine solche Verwendung in dem Satz: „Der Krug geht so lange zum Brunnen bis er bricht." Diese grammatische Perspektive beschreibt die möglichen Zusammensetzungen einer Figur, aber berücksichtigt nicht, dass Figuren in narrative oder dialogische Strukturen eingebunden sind.[30] Das von Figuren vermittelte Wissen lässt sich nicht auf eine referentielle Funktion reduzieren. Es bedarf der Entfaltung und Darstellung in verschiedenen Kontexten.

Ich möchte nun die zweite Frage angehen, die sich durch „Prosopopöie" in Bezug auf den Begriff der „Figur" ergibt. Statt „Wer spricht?" möchte ich nun die Frage klären: „Wie wird gesprochen?". Wie werden Figuren repräsentiert? Bei Peacham lässt sich, meiner Ansicht nach, ein vergleichbares Problembewusstsein feststellen, wenn er an die Erläuterungen zu „Prosopopöie" die

27 Benjamin (1992a), S. 56; Hirsch, Alfred: „Vorwort". In: *Übersetzung und Dekonstruktion*. Alfred Hirsch (Hg.). Frankfurt/Main: Suhrkamp 1997 [kurz: Hirsch (1997)], S. 11.
28 Diese These braucht für die Renaissance kaum zu bewiesen werden. Die Übersetzung antiker und arabischer Autoren beförderte die Entwicklung der Nationalsprachen, erhöhte die Ausdrucksfähigkeit und bedeutete auch einen enormen Zuwachs des Mitteilbaren in allen Wissensbereichen.
29 Hegel, Georg Wilhelm Friedrich: *Vorlesungen über die Ästhetik I*. Frankfurt/Main: Suhrkamp 1986, S. 511 f.
30 Kiening (1994), S. 359; James J. Paxon verwendet den Begriff „personification figure" und akzentuiert mit „figure" den rhetorischen Bedeutungskontext. Mit „figure" wird die Abweichung vom grammatikalischen Standard bezeichnet. Dem stellt er „personification character" gegenüber. Paxon (1994), S. 35.

Klärung des Begriffs „Sermocinatio" anschließt.[31] Für ihn ist „Prosopopöie" durch eine monologartige Rede gekennzeichnet, die, das wird implizit deutlich, nur auf Grundzüge einer menschlichen Gestalt zurückgreifen muss. Sie bedürfe einzig der Voraussetzung, dass die Figur als grammatisches Subjekt akzeptiert wird.

Mit dem Begriff „Sermonicatio" berücksichtigt Peacham den Fall, dass die Figur auch antwortet und sich in einer zwischenmenschlichen Kommunikation bewähren muss. Text und Figur sind enger aufeinander bezogen, als bei einer ‚spontanen Verlebendigung'.

> Therefore in this place, it behoueth vs dilligently to consider the circumstances, both of persons, and thinges, what is their estate, condition, kynde, age, disposition, manners, studies, affections, fortune, cause, place, time, and such lyke, fore one manner of speech doth becom men, and another manner is desent for women, childrens talke is not so seasoned wyth reason, as old mens is … (*The Garden of Eloquence*, Sig. Oiii v)

In einem umfangreicheren sprachlichen Zusammenhang, sei es ein Dialog, eine Rede oder ein Drama, ist die Vertauschung von Subjekt und Objekt sowie die Verwendung entsprechender Verben und Attribute anscheinend nicht mehr ausreichend. Um den Eindruck bzw. die Fiktion von Lebendigkeit oder Menschlichkeit aufrecht zu erhalten sind präzisere Beschreibungen, aufeinander abgestimmte Handlungen und mehr Details notwendig. Dieser Aufwand kann meiner Ansicht nach viele Ursachen haben. Überzeugen zu wollen, ist sicherlich ein Motiv. Das Bedürfnis nach Abwechslung oder die Ambivalenz und Widersprüche des ‚Lebens' lassen eine ‚bloße' Vertauschung wahrscheinlich ebenfalls als ungenügend erscheinen.

Dass „Prosopopöie" und „Sermocinatio" eng aufeinander bezogen werden, kann als symptomatisch für den hier betrachteten Zeitraum gelten. Der Dialog ist für den humanistischen Diskurs die wichtigste Form der Wissensvermittlung. In *A Ciceronian Sunburn*[32] hat Edward Armstrong eine plausible Theorie über den Stellenwert und das erkenntnistheoretische Konzept des humanistischen Dialoges am Beispiel von Lodowick Brysketts *A Discourse of Ciuill Life*[33] vorgelegt. Ich möchte auf diese Theorie hier näher eingehen, weil sie zum Verständnis der Funktion von Figuren im 16. und 17. Jahrhundert beiträgt.

Nach Armstrong werde die Konzeption des humanistischen Dialoges von einem spezifischen Menschenbild bestimmt. Bryskett unterscheidet, Aristoteles paraphrasierend, drei Teile der Seele:

---

31 In der für die moderne Literaturtheorie maßgeblichen Zusammenstellung rhetorischer Figuren fasst Heinrich Lausberg „sermonicatio" und „fictio personae" als Gestaltungen direkter Rede. „Sermonicatio" soll nach ihm nur den Dialog natürlicher Personen bezeichnen, während „fictio personae" das Gespräch personifizierter Gegenstände fasst. Diese Differenzierung ist problematisch. Die mit der „fictio personae" von ihm als verknüpft angesehene Redefigur „Prosopopöie" kann ja auch die Fingierung von Dialogen mit lebenden, aber abwesenden Personen bezeichnen. Spätestens an dieser Stelle wird die Bedeutung des Begriffs „natürliche Person" fraglich. Lausberg, Heinrich: *Handbuch der literarischen Rhetorik*. Stuttgart: Franz Steiner (3)1990, S. 406 ff.

32 Armstrong, Edward: *A Ciceronian Sunburn: a Tudor Dialogue on Humanistic Rhetoric and Civic Poetics*. Columbia, SC: Univ. of South Carolina Press 2006 [kurz: Armstrong (2006)].

33 Bryskett, Lodwick: *A Discourse of Civill Life: Containing the Ethike parte of Morall Philosophie, Fit for the instructing of a Gentleman in the course of a vertuous life*. London: William Aspley 1606 [kurz: *Discourse of Civill Life*] (Online-Publikation, eebo).

einen natürlichen Teil (base part), der die biologischen Grundfunktionen umfasse; einen sensitiven Teil, der wahrnehme und Sitz der Leidenschaften sei; und einen vernünftigen Teil, mit dem
der Mensch über sein Handeln oder die Ewigkeit reflektiere. (*Discourse of Civill Life*, Sig. G2 r ff.)
Alle drei Teile arbeiten zusammen, haben aber unterschiedliche Funktionen. Die natürlich Seele
empfange lediglich Sinneseindrücke. Diese würden vom *common sense*, dem sensitiven Teil, verstanden (apprehended), der „distinguisheth betweene those things that the outward senses offer
vnto it …“ Die Vernunft (reason) nehme diese sensuelle Wahrnehmung zum Ausgangspunkt. Sie
bestimme formelle Ähnlichkeiten und ignoriere die Inhalte (matter) der Sinneswahrnehmung. Die
Vernunft interessiere nicht, wie ein Objekt erscheint, sondern was darüber gewusst werden könne. (*Discourse of Civill Life*, Sig. R r f.)

Als Ideal schwebt Bryskett ein Dialog zwischen den Erkenntnisvermögen der sensitiven und
der vernünftigen Seele vor. Diese Mischung bezeichnet er als „possible vnderstanding“.

> … This possibvle vnderstanding (a we may terme it), to be such a thing, as out of it all things
> should be made as if it were in stead of matter; and the other agent vnderstanding to be the
> worker of all things, as it were the forme, because this part which before was but in power to
> things intelligible, becometh trough the operation of the agent vnderstanding to be now in
> act. And for this cause also is it said, that the vnderstanding, and things vnderstood, become
> more properly and truly one selfe same thing, the of matter and forme it may be said. […]
> And this is the very act of truth, to wit, the certain science or knowledge of any thing: which
> knowledge or science is in effect nought else then the thing so knowne. (*Discourse of Civill
> Life*, Sig. R2 r; Auslassung – T.B.)[34]

Im Dialog verbinden sich demnach Imagination und Vernunft zu einem Erkennen, das sowohl
den sinnlichen Inhalt als auch die formellen Eigenschaften eines Gegenstandes zu verstehen
sucht. Als zentraler Gegenstand von Dialogwissen gelten zu der Zeit die moralischen Tugenden.
Es handelt sich um nichtkognitive Fähigkeiten, die durch Gewohnheit kontrolliert werden sollen
und – so die Auffassung – ihre Konsistenz erhalten. (*Discourse of Civill Life*, Sig. Q r) Dem zu fol-
gen, was als gesellschaftlich angemessen gilt, ist aus dieser Sicht eine Präferenz, d. h. eine Fähigkeit der sensitiven Seele Vergnügen darin zu finden, was die Vernunft empfiehlt.[35]

Der Dialog bietet den Rezipienten, so die Wirkungstheorie, eine sinnliche Erfahrung der moralischen Tugenden und gleichzeitig eine Form, diese Erfahrung zu verstehen. Das Gespräch dient
dazu, den Blick auf Handlungsmuster und ihre Bedingtheit – die Ursachen des Handelns, den
Anlass, das Setting, den Zweck, die Beteiligten der kommunikativen Situation etc. – zu lenken.[36]
Figuren sind für den Dialog ein unverzichtbares Mittel, um eine derartige sinnliche Erfahrung zu
erzeugen und zu versprachlichen. Sie führen ein Handeln eines Menschentyps, eines Kollektivs,

---

34 Interessanterweise wird in diesem Zitat auch das Wort „wit“ verwendet. In der speziellen Zusammenset-
    zung mit „to“ wird es im Text als Überleitung, im Sinne von „genauer gesagt“, gebraucht. Trotzdem liegt
    es nahe, wie die Arbeit zeigen wird, dass der Begriff „wit“ das Zusammenwirken beider Erkenntnisver-
    mögen problematisiert.

35 Armstrong (2006), S. 28.

36 Ebenda, S. 33 f.; Cox, Virginia: *The Renaissance Dialogue: Literary Dialogue in its Social and Political Contexts,
    Castiglione to Galileo*. Cambridge, New York, Melbourne: Cambridge University Press 1992 [kurz: Cox
    (1992)], S. 4.

eines Begriffs im sprachlichen Handeln als rhetorische Performance unter bestimmten Bedingungen vor. Theater fügt dem Dialog zusätzliche Dimensionen hinzu, mit der diese Performance bspw. „audio-visuell" erfahrbar wird. Peacham bringt einen dritten Begriff ins Spiel: „mimesis", der die vorhergehenden Begriffsbestimmungen um einen weiteren Aspekt ergänzt. „Mimesis" bezeichnet für ihn die Imitation des Verhaltens und der Sprache (speech) eines Menschen:

... whereby we counterfeit not only what one sayd but also vtteraunce and gesture ... (*The Garden of Eloquence*, Sig. Oiiii r)

Kommunikationstechnisch betrachtet, ist „mimesis" die unmittelbarste Form des Dialogs. Ähnlich beschreiben Gert Ueding und Bernd Steinbrink den Schnittpunkt von Theater und Redekunst bei der Definition des Begriffs „Sermocinatio", dem sie „Prosopopöie" unterordnen.

Der Redner schlüpft dabei gleichsam in die Rolles des Schauspielers, ahmt die evozierte Person auch in Tonfall, Mimik und Gestik nach und erreicht auf diese Weise einen besonderen Grad der Lebendigkeit seiner Rede.[37]

Es ist problematisch, eine Theateraufführung lediglich als Visualisierung von etwas zu verstehen. Eine derartige Aussage würde die hier angestellten Überlegungen in die Nähe von Theaterbegriffen rücken, die Theater bspw. als Versinnlichung von Dramatik betrachten. Dagegen ist die Autonomie von Theater in Rechnung zu stellen. Die mit der Aufführung erzeugte Präsenz konfiguriert die im Text zusammengefügten Wissensformen neu und erweitert sie um andere.

Zusammenfassend lässt sich nun feststellen, dass der Begriff „Prosopopöie" verschiedene Wissenskonfigurationen beschreibt, in denen unterschiedliche Erfahrungs- und Wissensbereiche vermittelt werden. Die Struktur der Vermittlung ist bisher nur zum Teil über den Begriff „Übersetzung" thematisiert worden. Ich möchte jetzt noch einmal die Frage aufgreifen: Wie verhalten sich „personified" und „personifier" zueinander?

Eine mögliche Antwort auf die Frage eröffnet der Begriff „**Figur**". Damit möchte ich einen anderen Akzent in der theoretischen Betrachtung der „Prosopopöie" setzen. Gewöhnlich wird „Prosopopöie" grob mit „ein Gesicht oder eine Maske verleihen oder verfertigen" übersetzt. Wie zu sehen war, hat Peacham für seine Definition den Begriff „person" verwendet, so dass sich auch „Person/persona" anbieten würde.[38] Gegenüber diesen Begriffen scheint mir „Figur" in dem geschilderten Zusammenhang angemessener, da er Anthropomorphität nicht voraussetzt. Die Verwendung von „persona" würde beispielsweise eine Kombination von Ort und Begriff ausschließen. Im Unterschied dazu ist es selbstverständlich, das Nachdenken über das Reich Gottes mittels der Vorstellung einer Stadt als „Denkfigur" zu bezeichnen.

---

37 Ueding, Gert; Steinbrink, Bernd: *Grundriß der Rhetorik: Geschichte, Technik, Methode*. Stuttgart: J. B. Metzlersche Verlagsbuchhandlung (3)1994 [kurz: Ueding/Steinbrink (1994)], S. 319.

38 Gegen „Person" spricht die moderne Begriffsbedeutung, die gegenüber antiken, mittelalterlichen und frühneuzeitlichen Vorstellungen deutlich eingeschränkt ist und sich auf eine psychologische Disposition bezieht. Franz, Michael: „Personalfigur oder Selbst ohne Eigenschaften?: Zur Rezeption antiker Personalitätsmodelle in der Gegenwart". In: *Weimarer Beiträge: Zeitschrift für Literaturwissenschaft, Ästhetik und Kulturwissenschaften*. Wien: Passagen Verlag 50(2004)3 [kurz: Franz (2004)], S. 334.

Nahezu jedes Erscheinen hat Figur. In einem Aufsatz hat Gabriele Brandstetter auf die Bedeutung von „Figur" als Bezeichnung für den Körper eines Tänzers und als Einheit eines choreographischen Textes verwiesen.[39] Sie verschenkt jedoch das Potential des Begriffs, wenn sie „Figur" verkürzend als „Einheit des Sprachmaterials" bestimmt. Im Unterschied dazu würde ich Figuren als Resultat unterschiedlicher Diskurse und Praktiken beschreiben. Ihre Stärke liegt nicht in dem Umriss, den sie bieten, sondern in ihrer komplexen Multidimensionalität, die sie durch Bündelung verschiedener Wissensformen erreichen.

Die historischen Bedeutungen des Begriffs „Figur" sind vielseitig von Erich Auerbach dargestellt worden. Diese Studie hat bis heute nur wenig von ihrer analytischen Schärfe eingebüßt. Lediglich die von ihm in anderen Texten getroffene Differenzierung zwischen „Allegorese" und „Typologie" ist wissenschaftlich nicht mehr haltbar.[40] Folgt man Auerbach, wurde das Wort „figura" im antiken Latein zunächst für „plastische Gebilde" gebraucht, zum Beispiel für die kleinen Tonstatuen der Halbgötter in den Privathäusern der Römer, aber auch zur Beschreibung der körperlichen Verfassung von Sklaven. Für den hier skizzierten Zusammenhang interessiert mich die Bedeutung von „figura", die im Schnittfeld von griechischer und römischer Kultur entstand.[41] In Folge des Kulturtransfers verschmelzen die Bedeutungen des lateinischen „figura" (als Bezeichnung für ein plastisches Gebilde) und des griechischen „schema" (für die sinnliche Gestalt einer Form). Der Begriff „figura" wird abstrakter und bezeichnet die sinnlich erscheinende bzw. äußere Gestalt, z. B. die Flexionsformen eines Wortes, die Gesten der Schauspieler: „… Kurz alles Sinnliche hat figura …"[42] Durch die Verschmelzung mit „schema" werde „figura" teilweise als Gegenbegriff zu „forma" verwendet. „Forma" stehe für die unsinnliche Idee, „die die Materie informiert", während „schema" die rein sinnliche Gestalt dieser Form bezeichnet. „Figura" verweise auf das „Lebend-Bewegte, Unvollendete und Spielende" einer Form. Der Begriff bezeichnet also etwas, das zwischen der Idee und ihrer sinnlichen Abbildung liegt.

Bezogen auf den Signifikationsprozess akzentuiert der Begriff „Figur" zunächst den Bruch. Er verweist auf eine Nicht-Identität von „Idee" und „Bild", durch die Betonung der Eigenständigkeit des „Bildes". Die Bedeutung geht in der sinnlichen Erscheinung nicht auf. „Prosopopöie" als Austausch (*conversion*) betrachtet, wie Paxons Wortwahl es nahe legt, impliziert dagegen eine Ersetzung des „personifier" durch der/die/das „personified". Allerdings besteht zwischen beiden Elementen kein unüberbrückbarer Gegensatz. Eine „Figur" wäre, meiner Ansicht nach, als vermitteltes Nebeneinander zu verstehen. Die Quantitäten werden nicht ausgetauscht, sondern sind beide im ‚Endprodukt' immer noch anwesend.

Auf diesen Zusammenhang verweist Erich Auerbach wenn er „figura" im Begriffsfeld „Bild" verortet. Für ihn steht „figura" zwischen Urbild (forma) und Abbild (imago). Mit „figura" würden in der römischen Antike vor allem Traumbilder, Phantasiegestalten oder die Schatten der To-

---

39 Brandstetter, Gabriele: „Figura: Körper und Szene. Zur Theorie der Darstellung im 18. Jahrhundert". In: *Theater im Kulturwandel des 18. Jahrhunderts: Inszenierung und Wahrnehmung von Körper – Musik – Sprache*. Erika Fischer-Lichte, Jörg Schubert (Hg.). Göttingen: Wallenstein-Verlag 1999, S. 25.

40 Arlt, Peter-André: *Begriffsbilder: Studien zur literarischen Allegorie zwischen Opitz und Schiller*. Tübingen: Max Niemeyer 1995, S. 19.

41 Auerbach (1967), S. 56.

42 Ebenda, S. 59, vgl. zu „schema" auch Franz (2004), S. 330.

ten bezeichnet, Bilder deren Realitäts-/Fiktionsgehalt nicht klar entschieden werden kann.[43] Beide Ebenen – Bedeutung und Ausdruck – können im Begriff der „Figur" als gleichberechtigt angesehen werden.

Das legt auch die Verwendung des Begriffs in der christlichen Typologie, auch Figuraldeutung genannt, nahe. Bei dieser Form der Bibelexegese werden Personen und Ereignisse des Alten Testamentes als Antitypen des Neuen Testaments ausgelegt. Sie künden, so das biblische Interpretationsverfahren, von etwas, das sich erst in den Typen des Neuen Testamentes erfüllt. Die Figuren – „figura" wird als Synonym zu „Typ" verwendet – des Neuen Testaments erfüllen und übersteigern die Figuren (Typen) des Alten Testaments. Das Neue erscheint als Fortsetzung des Alten, situiert sich aber in Differenz zu ihm. Altes und Neues sind in einer Figur aufeinander bezogen, ohne dass im ersten Moment ein Bestandteil dominiert.

Doch wie wird das Alte integriert? Eine Antwort auf diese Frage bieten die Überlegungen von Bettine Menke. Sich auf Paul de Man beziehend sieht sie in der rhetorischen Figur „Prosopopöie" eine Möglichkeit, (autobiographische) Texte zu dekonstruieren.[44] „Prosopopöie" ist aus dieser Perspektive das Ergebnis eines Fehlverstehens. Die Figur werde als lebendig angesehen. Sie sei es jedoch nicht bzw. als rhetorische Figur betrachtet, sei sie ein Fall von Katachrese. Sie werde an eine Stelle gesetzt, wo vorher nichts war.[45] Im lebendig gewordenen Vorfahren wird die Voraussetzung des Todes augenfällig. Ebenso ist bei den anderen Arten des Verfahrens der „Tod des Figurierten" die Bedingung für die Figur.[46] Lebendigkeit ist allein ein Ergebnis der Lektüre des Textes. In dieser Hinsicht ist eine Aussage vom Erich Auerbach zu relativieren, in der er zwischen „Allegorie" und „Figur" unterscheidet:

> Insofern nun die Figuraldeutung ein Ding für das andere setzt, indem eines das andere darstellt und bedeutet, gehört sie zu den allegorischen Darstellungsformen im weitesten Sinne. Sie ist jedoch von den meisten anderen uns sonst bekannten allegorischen Formen durch die beiderseitige Innergeschichtlichkeit sowohl des bedeutenden wie des bedeuteten Dinges klar geschieden.[47]

Erich Auerbach betont an dieser Stelle die Historizität biblischer Figuren. Sieht man von dieser für den christlichen Glauben wichtigen Voraussetzung ab, kann literaturtheoretisch die unmittelbare Wiedergabe eines Bezeichneten in einem Text nicht mehr vertreten werden. Die Konstruktion von Wirklichkeit ist Voraussetzung und Ausgangspunkt für Figuren.

---

43 Auerbach (1967), S. 58.

44 Menke, Bettine: „De Mans »Prosopopöie« der Lektüre: Die Entleerung des Monuments". In: *Ästhetik und Rhetorik: Lektüre zu Paul de Man.* Karl-Heinz Bohrer (Hg.). Frankfurt/Main: Suhrkamp 1993 [kurz: Menke (1993)].

45 Darauf verweist auch Anselm Haverkamp. Das Fehlverstehen ist für ihn ein typisches Phänomen der Romantik. Im Gegensatz zur romantischen Personifikation wäre in der rhetorischen Prosopopöie klar, dass eine Maske geschaffen wird (und keine lebendige Person). Haverkamp, Anselm: „FEST/SCHRIFT: Festschreibung unbeschreiblicher Feste. Klopstocks Ode von der Fahrt auf der Zürcher See". In: *Das Fest.* Walter Haug, Rainer Warning (Hg.). München: Wilhelm Fink 1989, S. 287 f.

46 Menke (1993), S. 36 f.

47 Auerbach (1967), S. 77.

Die Geschichtlichkeit dieser Konstruktion ließe sich ebenfalls mit dem Begriff „Figur" analysieren. In diesem Sinne weist „Figur" über das Wechselverhältnis von Bedeutung und Sinnlichkeit hinaus. „Figur" bezeichne keine Bildformel oder beschränke das Darstellungsproblem auf das Referenzproblem von Sprache.[48] Aus dieser Prämisse heraus leitet Christian Kiening die methodische Einsicht ab, dass Figuren nicht nur paradigmatisch, sondern auch syntagmatisch zu begreifen sind.

> Zu fragen ist also nach der Kohärenz und Präsenz einer Figur, nach deren Ausgestaltung und Personalität, nach dem Kontext des Auftauchens, dem Verhältnis zu anderen Figuren und dem Einfluss auf den Handlungsablauf. Insofern Begriff, Begriffsinhalt, -kontext und Verbildlichung eine je spezifische Verbindung eingehen, enthält auch die Personifikation eine Erkenntnisleistung ...[49]

Allegorien bilden einen solchen ‚Kontext des Auftauchens' für Figuren. „Allegorie" und „Figur" scheinen im alltäglichen Sprachgebrauch begriffliche Synonyme zu sein. Wie „Figur" beschreibt „Allegorie" das wechselseitige Verhältnis zwischen einer Ausdrucks- und einer Bedeutungsebene. Diese Beziehung wird ebenfalls als Bruch erfahrbar. Die „Allegorie" sage etwas anderes, als sie meint. Die Forschung der letzten Jahrzehnte[50] hat verstärkt darauf insistiert, dass „Allegorie" und „Figur/Prosopopöie" zu trennen sind. Die Synthese hat lange Zeit auch den Blick auf das Phänomen „Allegorie" verstellt. Vergleicht man „Allegorie" und „Figur", so werden zwei Tendenzen der Allegorie deutlich. Eine „Allegorie" wird zwar durch die wörtliche (Ausdrucks-)Ebene konstituiert, wertet diese aber ab. Darauf verweist Hans Robert Jauss, wenn er „Allegorie" und „Symbol" einander gegenüber stellt.[51] Bei einer „Allegorie" komme eine allgemeine Bedeutung zur „Herrschaft über die erläuternde Gestalt". Das Bild/Wort werde zum bloßen Attribut und verliere seine Eigenständigkeit. In einer „Allegorie" und einer „Figur" werden, zweitens, nicht nur Bedeutung und Ausdruck miteinander vermittelt, sondern auch Allgemeines und Besonderes. Durch die Verdrängung der ‚Ausdrucksebene' privilegiert die „Allegorie" die allgemeine Bedeutung. Ein allegorischer Text regt dazu an, ein spezifisches Geschehen universalistisch zu interpretieren und die Spezifik der Situation auszublenden. Durch „Figuren" wird Wissen situativ anschaulich, während es durch „Allegorien" verewigt, d. h. systematisiert wird. Die „Allegorien" bilden zweite Ordnungen zum Text. Sie gehen über die einzelnen konkreten Figuren hinaus. Sie sind Ausdruck einer repräsentativen Ordnung,[52] die das Lebendige kontrolliert, aber auch seine (alternative) Wahrnehmung ermöglicht. Paul de Man argumentiert für die Allegorie als Ausdruck

---

48 Kiening (1994), S. 357; Menke (1993), S. 34.

49 Kiening (1994), S. 358.

50 Für James J. Paxon ist diese Trennung die Grundlage jedes theoretischen Nachdenkens über „Personifikation". Paxon (1994), S. 1; Meier, Christl: „Überlegungen zum gegenwärtigen Stand der Allegorie-Forschung mit besonderer Berücksichtigung der Mischformen". In: *Frühmittelalterliche Studien: Jahrbuch des Institutes für Frühmittelalterforschung der Universität Münster.* Karl Hauck (Hg.). Berlin, New York: Walter de Gruyter 1976, S. 58; Kurz, Gerhard: *Metapher, Allegorie, Symbol.* Göttingen: Vandenhoeck & Ruprecht 5(2004), S. 61; Haworth (1980), S. 12–55.

51 Jauss, Hans Robert: „Form und Auffassung der Allegorie in der Tradition der Psychomachia". In: *Medium aerum vivum: Festschrift für Walther Bulst.* Hans Robert Jauss, Dieter Schaller (Hg.). Heidelberg: Carl Winter 1960, S. 184 f.

einer kontrollierten Welterkenntnis, aus der Perspektive des Widerspruchs von unzureichenden Mittel und Zweck.

> Allegory is the purveyor of demanding truths, and thus its burden is to articulate an epistemological order of truth and deceit with a narrative or compositional order of persuasion.[53]

Die „Figuren" werden als Teil des allegorischen Diskurses les- und erfahrbar, der sich auf verschiedene diskursive Formationen beziehen kann, z. B. die politische Zeitgeschichte oder die christliche Heilsgeschichte. Die repräsentative Ordnung kann zudem unterschiedlich erfahren werden. Einerseits manifestiert sie sich in einer konventionellen Bildtradition. Andererseits kommt sie in der metaphysischen Tendenz der Allegorie zum Ausdruck, die versucht, das Unaussprechliche zu sagen.[54] Vera Calin argumentiert, dass Allegorien besonders in Krisenmomenten bevorzugt würden. In diesen Momenten sinke das Interesse für den Einzelnen und die Aufmerksamkeit gelte dem Schicksal bzw. der Existenz der Gattung.[55] Als repräsentative Ordnung zielen „Allegorien" auf Ahistorizität, sind aber selbst, wie diese Funktionsbestimmung erraten lässt, geschichtlich. Sowohl ihre Interpretationen als auch ihre Formen wandeln sich im Lauf der Zeit. Bisher fehlt eine derartige Geschichte der Allegorie und ich werde bezogen auf meine Fragestellung lediglich Denkansätze entwickeln können. Trotz der Lücke ist aufgrund der häufig gebrauchten Wortkombination „allegorische Figur" das Verhältnis von Allegorie und Figur aus der Theoriebildung nicht wegzudenken.

Neben der Allegorie gibt es, um es mit Christian Kiening zu formulieren, noch andere Kontexte des Erscheinens. Eine entscheidende Bedeutung kommt, aus meiner Sicht, der jeweiligen Textform – der Gattung und dem Genre – zu, in der die Figuren gestaltet werden. Es macht einen Unterschied, ob sie in einem Dialog, in einem Gedicht, in einem Abenteurroman oder einer Novelle dargestellt werden. In Bezug auf die hier untersuchte Figur WIT lässt sich feststellen, dass im Verlauf des 16. Jahrhunderts verschiedene Textformen zu ihrer Darstellung gewählt werden und sich eine Abfolge feststellen lässt. Anders ausgedrückt: historische Veränderungen führen zur Wahl einer neuen Textform. Aus diesem Grund habe ich meine Arbeit in drei Teile gegliedert, die chronologisch nacheinander von 1530 bis 1610, die jeweils dominierende Textform in den Blick nehmen und Beispiele dieser Form analysieren und darstellen. Es handelt sich um eine

---

52 In einer Einleitung zu einem Sammelband schreibt Eva Horn über die Allegorie: Sie „führe die Struktur der Repräsentation am ästhetischen Gegenstand mit vor". Horn, Eva: „Vorwort". In: *Allegorie: Konfigurationen von Text, Bild und Lektüre.* Eva Horn, Manfred Weinberg (Hg.). Opladen, Wiesbaden: Westdeutscher Verlag 1998, S. 7; In allegorischen Dramen z. B. entsprechen tw. einzelne Handlungsabschnitte den Argumenten einer Argumentation. Sie sind nicht durch eine Erzählung, sondern eine gedankliche Folge verbunden. Kantrowitz, Joanne Spencer: *Dramatic Allegory: Lindsay' Ane Satyre of the Thri Estaitis.* Lincoln: University of Nebraska Press 1975, S. 95.

53 De Man, Paul: „Pascal's Allegory of Persuasion". In: *Allegory and Representation: Selected Papers from the English Institutes, 1979-1980.* Stephen Jay Greenblatt(Hg.). Baltimore, London: The John Hopkins University Press 1981.

54 Drügh, Heinz J.: *Anders-Rede: Zur Struktur und historischen Systematik des Allegorischen.* Freiburg i. Br.: Rombach 2000, S. 21, 24 ff.

55 Calin, Vera: *Auferstehung der Allegorie: Weltliteratur im Wandel, Von Homer bis Brecht.* Wien: Europaverlag 1975, S. 10.

zeitliche Abfolge von Interlude, höfischen Traktat und City Comedy. Ich behaupte nicht, dass diese Formen die gesamte Textproduktion der Zeit dominieren und auch nicht, dass mit Beginn der neuen Phase die eine Form die andere vollständig verdrängt.[56] Interludes werden bis in das 17. Jahrhundert hinein geschrieben und auch rezipiert. Die City Comedy beispielsweise bedient sich ebenfalls verschiedener Elemente der Interludes. Es ist zu vermuten, dass die Figur WIT für einen bestimmten Zeitraum mit einer Textform primär verknüpft ist. Der Wechsel des Genres ist gleichbedeutend mit einer wiederholten Aneignung einer Wissensform, die eine Rekonfiguration zur Folge hat. Hierbei handelt es sich vorerst um eine begründete These. Die Beobachtung des historischen Nacheinanders kann ein Ergebnis der Textüberlieferung sein. Die Bindung von Figuren an einen spezifischen Erscheinungskontext für eine abgrenzbare Zeitspanne halte ich dagegen für essentiell. Neue gesellschaftliche bzw. kulturelle Probleme und Lösungen wirken sich nicht nur auf die Gestaltung einzelner Elemente, sondern auch auf die des gesamten Textes aus. Figur und Text gehören untrennbar zusammen. Der Text wiederum kann nicht losgelöst von einem sozialen, philosophischen Diskurs etc. betrachtet werden. Über diese Differenzierung hinausgehend kann der für die Figur WIT relevante Diskurs als humanistischer Diskurs bestimmt werden. Deshalb beginne ich jeden Teil meiner Arbeit mit einer Analyse der historischen Veränderungen bezogen auf die Einstellungen, die ihn prägen. Dabei lege ich den Schwerpunkt auf das Bildungsprogramm und die damit verbundene rhetorisch-poetische Theorie und Praxis. Diese Aspekte werden beispielhaft an zentralen Texten der englischen Renaissance dargestellt. Sie dienen der Historisierung der Figuren und beschreiben die Bedingungen ihres Entstehens und Erscheinens.[57]

Bei der Analyse der Figuren war es mir wichtig, die Unterschiede deutlich zu machen, die zwischen einzelnen Beispielen bestehen. Dadurch kommt es bei diesen Kapitel zu stärkeren Differenzen in der Anordnung und Reflexion des Materials. Ich habe diese Unterschiede nicht eingeebnet, um eine Vielfalt möglicher Analysen zu erproben und zu zeigen. Die Untersuchung ist in dieser Hinsicht ‚offen'. Daraus ergeben sich verschiedene Probleme. Zum einen sind die erzielten Ergebnisse zu spezifisch, zum anderen zu heterogen, um verallgemeinert werden zu können. Die-

---

56 Fragwürdig mag erscheinen, warum die Arbeit in den 1530er Jahren einsetzt und nicht früher, oder warum sie zu Beginn des 17. Jahrhunderts endet. Ich denke, dass der gewählte Zeitabschitt repräsentativ für die Geschichte der Figur WIT ist und alle für die Renaissance wesentlichen Entwicklungstendenzen umfasst. Zwar gibt es vor 1530 relevante Texte, beispielsweise Henry Medwells „Nature" (1495), aber in ihnen gibt es keine Figur mit dem Namen „Wit"; ein Indikator dafür, dass die durch die Figur repräsentierte Problematik noch nicht relevant war. Stattdessen konzentriere ich mich auf die Zeitspanne, in diese Figur extensiv aufgegriffen und gestaltet wurde. Das ist zum ersten Mal in den 1530ern der Fall, in den Interludes *Wit and Witless*, *Of Gentylnes and Nobylyte*, *Wit and Science*. Diese Interludes und der frühhumanistische Diskurs, zu dem sie gehören, sind Gegenstand des ersten Hauptkapitels.

57 Die Kapitel über die ‚paradigmatischen' Texte des englischen Renaissancehumanismus werden von folgenden Fragen strukturiert, wobei es in Einzelfällen auch zu Abweichungen und Auslassungen kommen kann: Inwiefern ist Sprache die Grundlage des Bildungsprogramms? Auf welche politischen Positionen bezieht sich der Text? Wie ist insbesondere das Verhältnis zur politischen Ordnung beschaffen? Welche Bedeutung und Funktion hat der Begriff „wit" innerhalb des Diskurses? Gibt es Prinzipien, spezifische Unterrichtsformen und Leitbilder der Erziehung und wie sind sie beschaffen? Wie bestimmt und definiert der Text Nobilität?

se beiden Kritikpunkte heben hervor, was ich als wichtige Merkmale des hier erarbeiteten Figurbegriffs betrachten würde.

Eine Figur ist erstens historisch zu begreifen. Bezugnehmend auf Erich Auerbach habe ich beschrieben, dass die Figur das Äußere einer Form bezeichnet, die materiell gewordene Idee. In jene ist Geschichte schon per definitionem eingeschrieben. Die Diskontinuitäten sind notwendiger Bestandteil der Figurenanalyse, haben aber keinen ausschließenden Charakter. Das Besondere des hier entwickelten Figurbegriffs liegt in der Betrachtung von „Figur" als Mitte zwischen Form und Materie, in der Art, wie beides verbunden wird. Tatsächlich lassen sich über die Spezifik einer einzelnen Figur hinaus Gemeinsamkeiten feststellen. Ich habe dementsprechend gleichartige Figuren in der Analyse nebeneinander betrachtet. Dass die Figur WIT aus Sicht der historischen Entwicklung in drei Typen unterschieden werden kann, ist ein sichtbares Zeichen für eine nicht nur historische Kategorie. Doch selbst die Form der Figuren unterliegt geschichtlichen Veränderungen. Das Beständige der Formen ist an die Summe aller Umstände und der darauf bezogenen Verhaltensweisen gebunden. Die Figuren der Interludes sind beispielsweise relativ homogen, solange für den frühhumanistischen Diskurs Hoffnung auf eine christliche Erneuerung besteht. Mit der Reformation und dem sich zuspitzenden Konflikt zwischen den Kirchen wachsen die Zweifel, die sich dann in der Gestaltung des Psychomachia manifestieren. Ebenso kann für die Hofmannstraktate festgestellt werden, dass Robert Greenes Texte, die aus vergleichbaren Erfahrungen wie John Lylys „Euphues"-Figuren resultieren, aber auf anderen Reaktionen basieren, formal verschieden sind. Statt Anatomien liegen hier Satiren vor, die einen alternativen Blick auf die Probleme seiner Zeit und die Figur WIT bieten.

Aus der Berücksichtigung der Historizität jedes Textes ergibt sich eine Vielzahl von ähnlichen, aber nicht identischen Figuren. Durch den methodischen Ansatz habe ich sie zusätzlich aus vier Blickwinkeln dargestellt. Diese Ausdifferenzierung verhindert ein einheitliches Bild der jeweiligen Figur und erschwert möglicherweise den Überblick über ihre wesentlichen Merkmale. Es stellt sich die Frage, ob es eine andere Möglichkeit gegeben hätte? Ich sehe eine alternativen Ansatz in den Studien von Joseph Campbell, Lord Raglan, Otto Rank und Vladimir Propp.[58] Bei allen vier Autoren dominiert ein Figurbegriff, der von den Besonderheiten der Figur eines Textes abstrahiert und sie als invariante Struktur behandelt, die metasprachliche Analysen ermöglichen soll.[59] Die genannten Theoretiker haben versucht, eine Grammatik der Mythen und Märchen zu entwickeln – in gewisser Weise auch eine Grammatik all dessen, was überhaupt erzählt werden kann.

---

58 Campbell, Joseph: *Der Heros in tausend Gestalten*. Karl Köhne (Übers.). Frankfurt/Main, Leipzig: Insel-Verlag 1999; Lord Raglan, Fitzroy Richard Somerset: *The Hero: A Study in Tradition, Myth, and Drama*. Westport: Greenword Press Publishers 1976 (Reprint der Ausgabe 1956); Propp, Vladimir: *Morphologie des Märchens*. Karl Eimermacher (Hg.). Frankfurt/Main: Suhrkamp 1975; Rank, Otto: *Der Mythus von der Geburt des Helden: Versuch einer psychologischen Mythendeutung*. Nendeln/Liechtenstein: Kraus Reprint 1970 (Reprint der Ausgabe Leipzig & Wien 1907); Rank, Otto; Lord Raglan; Dundes, Alan: *In quest of the hero*. Robert A. Segal (Hg.). Princeton: Princeton University Press 1990.

59 Der amerikanischen Filmindustrie dient Campbells Theorie u. a. als Mittel, um Drehbücher zu beurteilen. Die Drehbücher werden nach Elementen abgesucht, die den von ihm entworfenen Stationen der Heldenreise entsprechen. Die Anpassung und Variation des Schemas entscheidet dann darüber, ob eine Filmproduktion in Erwägung gezogen wird. Demzufolge ist die Theorie inzwischen zur Poetik für erfolgreiche Drehbücher avanciert.

Im Kontrast dazu würde ich meinen Ansatz im Anschluss an Paul de Mans Aufsatz *Semiologie und Rhetorik* als Rhetorik verstehen.[60] Im Unterschied zu einer Grammatik, die Sprache als System begreift, in dem aus einem einzigen Paradigma widerspruchsfrei eine Vielzahl von Versionen durch Nachahmung generiert werden, geht eine Rhetorik davon aus, dass das Paradigma in sich widersprüchlich ist und sich gegenseitig ausschließende Versionen produzieren kann. Sieht man aus grammatischer Perspektive Figuren als Bestandteil von Sätzen an, so macht meine Untersuchung auf die verschiedenen Arten aufmerksam, wie diese Sätze gelesen werden können. Die Figur „Folly-wit" in *A Mad World, my Masters* wird als habgierig dargestellt. Durch die Metaphorik des Textes liegt es nahe, diese Habgier allgemein als Gier, z. B. ebenso als sexuelles Verlangen oder als Begehren nach sozialer Anerkennung zu lesen. Paul de Man setzt die Rhetorik stellenweise mit einem Verständnis von Sprache gleich, das nicht annimmt, dass zwischen Zeichen und Bezeichnetem eine festgefügte Bindung besteht.

Der hier vorgestellte Ansatz ist noch in anderer Hinsicht als **rhetorisch** zu bezeichnen. Zum einen ist die Analyse der sprachlichen Gestaltung von Texten und Figuren zu nennen, die ich über eine Untersuchung des den Text bestimmenden Stils vorgenommen habe. Zum anderen könnte die von mir verwendete Methode auf ein rhetorisches Konzept zurückgeführt werden. Mit Christian Kiening gesprochen habe ich die Figuren „syntagmatisch" untersucht. Ich habe danach gefragt, in welchem Verhältnis sie zum Text stehen, welche Funktion sie in der Figurenkonstellation besitzen, wie sie im Weltbild des Textes verortet werden können etc. Die Beachtung der Relationen eines Textes zu verschiedenen Kontexten wird in der Rhetorik mit dem Begriff „decorum" bezeichnet. Aus dieser Perspektive habe ich untersucht, was die Texte, bezogen auf die Repräsentation der Figur WIT, für angemessen halten. Darunter fällt auch die Frage danach, was sie nicht oder nur verändert darstellen. In weiterführenden Studien wäre es sicher lohnend, diesem Verhältnis des Figurbegriffs zum „decorum"-Konzept nachzugehen. Daraus könnten sich einerseits weitere Untersuchungsbereiche und Fragestellungen ergeben. Andererseits wären die Differenzen zu benennen. Mit „angemessen" lassen sich, selbst bei Dehnung des Begriffs, nur einige Beziehungen von Figur und (Kon-)Text beschreiben. Ich verweise diesbezüglich auf die Schwierigkeiten, die bestehen, wenn bestimmt werden soll, ob ein Text subversiv ist oder nicht.[61] Die Frage nach der Konsistenz des hier entworfenen und praktizierten Begriffs ist mit dem Verweis auf seine rhetorischen Wurzeln nicht vollständig beantwortet. Ich habe damit lediglich verdeutlicht, dass ein Begriff in verschiedenen Zusammenhängen auch jeweils etwas Anderes bedeuten kann. Was erlaubt aber, die heterogenen Texte dieser Untersuchung als Variationen der Figur WIT zu begreifen?

Mit Peter Burke sehe ich im Begriff „Figur" ein Modell, das von der Realität abstrahiert, um das Wiederkehrende in einer Auswahl von Merkmalen und Eigenschaften zu veranschaulichen.[62] Ihm zufolge wären mindestens zwei Arten von Modellen zu unterscheiden. Diese Differenzierung stamme aus den Rechtswissenschaften und werde zur Klärung der Zugehörigkeit zu einer

---

60 de Man, Paul: „Semiologie und Rhetorik". In: Ders. *Allegorien des Lesens*. Frankfurt/Main: Suhrkamp 1989, S. 36 ff.

61 Greenblatt, Stephen: *Shakespearean Negotiations: The Circulation of Social Energy in Renaissance England*. Oxford, New York, Toronto u.a.: Oxford University Press 1990, S. 2 ff.

62 Burke, Peter: *Soziologie und Geschichte*. Johanna Friedmann (Hg.). Hamburg: Junius-Verlag 1989, S. 43.

Gruppe verwendet. Man unterscheide dort zwischen „monothetisch" und „polythetisch". Bei einer monothetischen Gruppe resp. bei einem monothetischen Modell sei der „Besitz einer einzigartigen Reihe von Eigenschaften für die Zugehörigkeit sowohl ausreichend als auch notwendig".[63] Im Unterschied dazu müsse bei einem polythetischen Modell ein einzelner Text die Eigenschaften der Gruppe nicht notwendig besitzen. Das Fehlen eines oder mehrerer Gruppenmerkmale bedeutet keinen Ausschluss. Ein Beispiel dafür ist die Stellung der Figur WIT im Kampf zwischen Tugenden und Lastern (im Psychomachia) am Beginn der Texte. Es gibt in der Regel zwei Möglichkeiten, entweder steht WIT zwischen Tugend und Laster oder es repräsentiert einen der beiden Pole. Trotzdem gehören die Texte beider Kategorien zu einer Gruppe. Die Zugehörigkeit eines Textes wird dadurch bestimmt, dass er einige Eigenschaften mit anderen Texten der gleichen Gruppe teilt, aber nicht alle und nicht im gleichen Ausmaß. Es ließe sich vielleicht statistisch aufzeigen, welche Eigenschaften am häufigsten vorkommen, allerdings nicht mit Gewissheit sagen, ob sie typisch sind. In dieser Hinsicht bedarf der Begriff „Figur" noch einiger Klärung. Einige Merkmale können der Figur WIT auch exklusiv zugeordnet werden. Zu denken wäre an ihre Jugendlichkeit, die z. B. „Euphues" und „Simonides" sowie „Witte" und „Will" (*The Mariage of Witte and Science*) teilen. Daraus ergibt sich eine neue Frage, die nicht mit Peter Burkes Modelldifferenzierung, die nur das Zugehörigkeitskriterium betrachtet, beantwortet werden kann. Es lässt sich bei den untersuchten Figuren kein Merkmal feststellen, dass in wenigstens zwei Texten vollkommen identisch wäre. Sicherlich ist Jugend ein Merkmal, das alle Figuren, bis auf „Thomas More" teilen. Von Text zu Text variiert aber dessen Gestaltung. „Simonides" unterscheidet sich von „Euphues" darin, dass seine Jugend vor allem in seinen unkontrollierten Leidenschaften – seiner Liebe – gesehen wird. „Euphues" ist dagegen von seinem „wit", der spezifischen Disposition seines Bewusstseins geprägt.[64] „Wills" Jugend wiederum ist von der Jugend der Figur WIT durch ein fehlendes Erwachsenwerden unterschieden. Die Bedeutung des Merkmals ist auch von jener abhängig, die der Text dem Alter zuweist. *A Trick to Catch the Old-one* bietet, beeinflusst von der römischen Komödie, ein anderes Bild der Jugend als die Interludes. „Reason" wird in *Wit and Science* als alt wahrgenommen, weil er der Vater von „Science" ist. Mit dem Alter verbinden sich hier noch keine konkreten Vorstellungen, wie sie dann über Ciceros *De Senectute* rezipiert werden, ein Text, der dem Alter unter anderem Geiz vorwirft.

Möchte man also feststellen, ob eine Figur, die auf „wit" referiert, typisch ist, müssen die in dieser Arbeit angesprochenen Diskurse des 16. und 17. Jahrhunderts berücksichtigt werden. In einem dieser Diskurse, der als moralphilosophischer Diskurs beschrieben werden kann, wird mittels der Figur WIT die Frage nach dem menschlichen Bewusstsein aufgeworfen. Diese Frage wird

---

63   Ebenda, S. 44.

64   „Simonides" ist keine WIT-Figur, weil er vorrangig ein Verhältnis zu den Leidenschaften beschreibt. Zwar ist auch „Euphues" verliebt, aber seine Liebe wird als Folge seiner Disposition dargestellt. Er liebt, wie er liebt, weil er die Bildung verachtet und sich geistig überlegen fühlt. Dieses Kriterium soll andere Figuren nicht ausschließen. „Simonides" ist wichtig, weil er einzelne Aspekte der Figur „Euphues" verdichtet, reinterpretiert und zu übertreffen versucht. Sein Verhältnis zu „Euphues" ist von einem zitierenden und kommentierenden Gestus bestimmt. Hier besteht noch einiger Klärungsbedarf, der für die Handhabbarkeit des Begriffs von entscheidender Bedeutung ist. Die variable Begriffsbestimmung darf nicht zu Beliebigkeit in der Anwendung des Begriffs führen.

unterschiedlich gestellt und beantwortet. Nach meinen Analysen ist aber festzustellen, dass der Grundkonsens des Teildiskurses darin besteht, dass der Begriff „wit" als ein spezielles Erkenntnisvermögen – das des „sensitiven Seelenteils" (sensitiue soule)[65] – diskutiert wird. Edward Armstrongs Untersuchungen zur Epistomologie des humanistischen Dialoges stützen diese Behauptung. Die Eigenschaften der Figur WIT werden wie die sensitive Seele als natürliche Gabe beschrieben. Ebenso wie diese sei sie leicht von Gefühlen und dem, was es sieht und hört, beeinflussbar. Es ist der Figur nicht möglich diese Wahrnehmungen auf den Begriff bringen, d. h. davon zu abstrahieren – eine Eigenschaft, die der ‚vernünftigen Seele' zukäme. „Wit" würde ich demzufolge als das sensitive Erkenntnisvermögen verstehen. Dessen Bedeutung und Stellenwert in der englischen Renaissancekultur verändert sich in dem hier betrachteten Zeitraum, was sich prägnant daran zeigen lässt, dass „wit" zuerst als „Fähigkeit" und später als „Fertigkeit" verstanden wird. Beibehalten wird die Konnotation, dass es sich der Vernunft entzieht bzw. sie ignoriert. Vor dem Hintergrund dieses moralphilosophischen Diskurses, der Ideengeschichte des Begriffs und Wortes „wit", wäre zu entscheiden, ob ein Text eine Figur WIT repräsentiert oder nicht.

Dabei möchte ich nicht ausschließen, dass andere Teildiskurse genauso wichtig sind. Vorstellbar wäre die Figur WIT als Beitrag zur Frage, warum und wie Bildung erworben werden sollte, zu betrachten. WIT erschiene dann als unreifer Schüler, der, dem Topos der Texte zufolge, rebellisch sei und sich der Bildung verweigere. Nach einiger Zeit und um ein paar Erfahrungen reicher, kann er dem Wissen Wertschätzung entgegenbringen. Je nachdem, ob ein Text an die Thematik und eine ähnliche Darstellung anknüpft, kann er der Tradition zugerechnet werden. Selbstverständlich wäre noch das Verhältnis zu anderen Kontexten zu überprüfen, die ich im Schluss zusammenfassen werde. Meine Position ist also, dass ein Figurtyp nicht durch feste Merkmale, sondern durch seine Zugehörigkeit zu bestimmten Diskursen definiert ist.

Der methodische Ansatz ist erweiterungsfähig und offen für Konkretisierungen. In diesem Sinne war das Vorgehen der einzelnen Unterkapitel durch die Erprobung von Kriterien gekennzeichnet. Mir ging es um die verschiedenen Möglichkeiten, wie die Frage nach der Gestaltung der Figuren beantwortet werden kann. Gleichzeitig wollte ich wissen, was sie im Besonderen kennzeichnet. In welcher Hinsicht verändert und ergänzt die einzelne Figur die Tradition? Ein festes Set an Fragen wäre bei der Beantwortung eher hinderlich gewesen. Es wäre beispielsweise im Rahmen der strukturellen Analyse ein Anachronismus, Interludes als ein Genre zu betrachten. Die Vielfalt an Traditionen lässt sich nicht auf eine Struktur reduzieren und würde den Blick für Mischformen wie *Wealth and Health* versperren. Zudem sind manche Fragen für den einen Text relevanter als andere. Fast in allen Texten wird WIT als junger Mann dargestellt. Darauf wird manchmal nur in einem Nebensatz Bezug genommen (*Ciceronis Amor*). In anderen Fällen ist sie ein wesentlicher Bestandteil des Handlungsverlaufs oder der Argumentation des Textes (*The Mariage of Witte and Science*). Dementsprechend könnten einige Aspekte vernachlässigt werden. In dieser Hinsicht wäre es sinnvoll, zwischen ‚aktiven' und ‚passiven' Merkmalen zu unterscheiden. Passive Merkmale sollen aber nicht ausgegrenzt werden, denn sie zeigen, dass Figuren bei der Aneignung von Wissen aus verschiedenen Bereichen Akzente setzen.

---

65   *Discovrse of Civill Life*, Sig. R r ff.

Ich sehe es als eine weitere Aufgabe an, darüber nachzudenken, wie die von den Unterkapiteln aufgeworfenen Fragen zu beantworten sind. Was ist unter der **strukturellen Dimension** einer Figur zu verstehen? Mir ging es darum zu zeigen, wie Figuren von dem jeweiligen Text und seinen Eigenarten bestimmt werden. Ich habe den Handlungsverlauf, die Funktion der Figur für die Handlung bzw. die Argumentation, das Verhältnis der Figuren zueinander – sofern sie wiederkehrende Konstellationen bilden –, die Form der Allegorie und die Textart betrachtet. Bei diesen Kriterien eine hierarchische Reihenfolge zu etablieren, ist meiner Ansicht nach nicht notwendig. Ich habe meist mit der Darstellung des Handlungsverlaufs oder der zentralen Frage der Argumentation begonnen, weil die Diskussion dieses Kriteriums auch die Möglichkeit zum Überblick über den Text bot. Andere Darstellungsformen, z. B. eine Einleitung über eine Szene oder ein Motiv, wären denkbar und als Methode grundsätzlich gleichwertig. Die Diskussion der einzelnen Kriterien und ihre Reihenfolge müsste vielleicht anhand der Frage entschieden werden, wie sie voneinander abhängig sind. Ob dann das unabhängigste Kriterium auch an erster Stelle stehen soll, ist dem Werturteil des Wissenschaftlers zu überlassen. In Bezug auf die **philosophische Dimension** der Figuren habe ich gefragt, an welchem Welt- und Menschenbild die Texte und Figuren partizipieren. Gibt es vielleicht einen spezifischen philosophischen oder theologischen Diskurs, dem Aussagen und Begriffe entstammen? Um diese Fragen zu klären, habe ich mich mit dem Naturverständnis der Texte auseinander gesetzt und die Darstellung des Gegensatzes von Natur versus Kultur und dessen Instrumentalisierung analysiert. Des Weiteren betrachtete ich die Figur WIT unter der Perspektive, welche Eigenschaften als Begriffsmerkmale für sie typisch sind. Vor allem war zu klären, inwiefern der Text sie als Problem reflektiert. Welche Gründe werden angegeben, warum „wit" so ist wie es ist? Welche Mittel sollen eine Veränderung bewirken? Welche Veränderung wird angestrebt?

In den Kapiteln über die **soziale Dimension** der Figuren habe ich die Darstellung der adligen Identität in den Mittelpunkt gerückt. Was wird als typisch für den Adel angesehen? Wie werden diese Eigenschaften und das (Sprach-)verhalten beurteilt? Welche Bedeutung hat diese Identität für die Konzeption des Textes? Von Text zu Text war es notwendig, andere soziale Merkmale, wie Jugend und Männlichkeit zu thematisieren. Diese Merkmale existieren in der Figur teilweise nebeneinander. Nur in Einzelfällen gehen die Bestimmungen ineinander über, wenn zum Beispiel im höfischen Diskurs Adel in der Kontrolle der Leidenschaften, d. h. in der Beherrschung der eigenen Sexualität gesehen wird. Auch in den bereits genannten Bereichen wäre ein derartiges Nebeneinander von verschiedenen ‚Arten' eines Wissens denkbar. Zusätzlich zur Beschreibung der sozialen Identitäten trat im Verlauf der Arbeit die Frage in den Vordergrund, wie der Text sich zur gesellschaftlichen ‚Realität' verhält. Ich möchte diesbezüglich an die Hofkritik erinnern, die mit den Figuren formuliert wird. Es geht mir mit dieser Frage nicht um den ‚Wirklichkeitsgehalt' des Textes. Sie ist ein Resultat des Transformationsprozesses, in dem „wit" nicht mehr vorwiegend als philosophisches Problem betrachtet und dargestellt wird, sondern als ein soziales. So gesehen weicht die Kritik des Begriffs „wit" seiner Satire, einer Kritik sozialer Missstände. Ferner werden die Eigenschaften der Figur und ihr Verhalten detaillierter dargestellt. Als Personifikation betrachtet, kann man ab 1550 feststellen, dass ein Bruch zwischen allegorischer und literaler Ebene einsetzt, der zu einer Aufwertung des ‚wörtlichen' Bestandteils führt.

Schließlich habe ich die Figuren mit Blick auf ihre **sprachliche Gestaltung** analysiert und dargestellt. Die Frage nach der Spezifik ihrer Sprache kann nur in Relation zu anderen Arten des Sprechens im Text bestimmt werden. Aus diesem Grund ist es notwendig, die Figur mit anderen Figuren oder mit der Verwendung von Sprache im gesamten Text zu vergleichen. Ich würde Beides für gleich wichtig erachten, weil der Vergleich einen Überblick darüber gibt, wie der Text mit Sprache umgeht. Erst dann lässt sich ein Urteil über die Verwendung der Sprache bei einer Figur fällen. Um die sprachliche Gestaltung des Textes zu untersuchen, habe ich eine Stilanalyse vorgenommen. In dieser Hinsicht bieten die Literaturwissenschaften eine Fülle von Methoden. Insbesondere würde eine formale Dialoganalyse weitere Erkenntnisse erbringen. Sie könnte die historischen Ausführungen zur Strukturen und Idealen des Kommunizierens ergänzen. Die Stilbestimmung ist eine Möglichkeit, die sprachlichen Besonderheiten der Texte zu beschreiben. Ich habe dabei mehrere Kriterien berücksichtigt. Wie geht der Text mit rhetorischen Figuren um? Gibt es Besonderheiten bei der Wortwahl? Welche Themen werden von wem wie angesprochen? Welche Einstellungen zur Sprache vertritt der Text? Möchte er belehren oder unterhalten; welches Verhältnis nimmt er zu seiner ästhetischen Gestaltung ein? Bei einigen Texten war zudem die Betrachtung der Autorfigur relevant. Die Stilanalyse öffnete einen Blick für die sprachliche Konzeption des Textes. Sie macht deutlich, wie Sprache die strukturelle, philosophische und soziale Gestaltung der Figuren ergänzen kann und ihr neue Bedeutungen hinzufügt. Sie zeigte im letzteren Fall, dass Figuren sprachliches Verhalten präfigurieren. Der humanistische Diskurs wollte über die Kontrolle von Sprache gesellschaftliche und kulturelle Veränderungen bewirken. Dazu bedurfte er einer Figur, die in einer rhetorischen Performance, alte Selbstbilder des Adels hinterfragte und Alternativen aufzeigte: die Figur WIT.